团 体 标 准

港珠澳大桥施工技术指南
第七分册：钢桥面铺装工程

Technical Guideline for Construction of Hong Kong-Zhuhai-Macao Bridge
Division Ⅶ：Steel Bridge Deck
Pavement Engineering

T/CHTS 10018—2019

主编单位：港珠澳大桥管理局
　　　　　重庆市智翔铺道技术工程有限公司
发布单位：中国公路学会
实施日期：2019 年 10 月 31 日

人民交通出版社股份有限公司
China Communications Press Co.,Ltd.

图书在版编目(CIP)数据

港珠澳大桥施工技术指南. 第七分册, 钢桥面铺装工程: T/CHTS 10018—2019 / 港珠澳大桥管理局, 重庆市智翔铺道技术工程有限公司主编. — 北京: 人民交通出版社股份有限公司, 2019.11

ISBN 978-7-114-15925-1

Ⅰ. ①港… Ⅱ. ①港… ②重… Ⅲ. ①跨海峡桥—桥梁工程—工程施工—中国—指南②钢桥—桥面铺装—技术规范—中国—指南 Ⅳ. ①U448.19-62②U448.33-65

中国版本图书馆 CIP 数据核字(2019)第 234796 号

标准类型: 团体标准

Gang-Zhu-Ao Daqiao Shigong Jishu Zhinan　Di-Qi Fence; Gangqiaomian Puzhuang Gongcheng

标准名称: 港珠澳大桥施工技术指南　第七分册: 钢桥面铺装工程
标准编号: T/CHTS 10018—2019
主编单位: 港珠澳大桥管理局
　　　　　重庆市智翔铺道技术工程有限公司
责任编辑: 韩亚楠
责任校对: 张　贺
责任印制: 张　凯
出版发行: 人民交通出版社股份有限公司
地　　址: (100011)北京市朝阳区安定门外外馆斜街 3 号
网　　址: http://www.ccpress.com.cn
销售电话: (010)59757973
总 经 销: 人民交通出版社股份有限公司发行部
经　　销: 各地新华书店
印　　刷: 北京市密东印刷有限公司
开　　本: 880×1230　1/16
印　　张: 3
字　　数: 70 千
版　　次: 2019 年 11 月　第 1 版
印　　次: 2019 年 11 月　第 1 次印刷
书　　号: ISBN 978-7-114-15925-1
定　　价: 260.00 元

(有印刷、装订质量问题的图书由本公司负责调换)

中国公路学会文件

公学字〔2019〕131 号

中国公路学会关于发布《港珠澳大桥施工技术指南 第七分册:钢桥面铺装工程》的公告

现发布中国公路学会标准《港珠澳大桥施工技术指南 第七分册:钢桥面铺装工程》(T/CHTS 10018—2019),自 2019 年 10 月 31 日起实施。

《港珠澳大桥施工技术指南 第七分册:钢桥面铺装工程》(T/CHTS 10018—2019)的版权和解释权归中国公路学会所有,并委托主编单位港珠澳大桥管理局、重庆市智翔铺道技术工程有限公司负责日常解释和管理工作。

中国公路学会
2019 年 10 月 28 日

前 言

本指南是在总结港珠澳大桥钢桥面铺装研究及设计成果、施工经验基础上编制而成。

本指南按照《中国公路学会标准编写规则》(T/CHTS 10001)的要求编制而成。本指南共分7章、4个附录,主要内容包括:总则、术语和符号、材料、沥青混合料、设备、桥面铺装施工、施工质量控制等。

本指南实施过程中,请将发现的问题和对指南的意见、建议反馈至港珠澳大桥管理局(地址:珠海市香洲区横龙路368号;邮编:519000;联系电话:18998161038;电子邮箱:lhy@hzmbo.com),供修订时参考。

本指南由港珠澳大桥管理局提出,受中国公路学会委托,由港珠澳大桥管理局负责具体解释工作。

主编单位:港珠澳大桥管理局、重庆市智翔铺道技术工程有限公司

参编单位:保利长大工程有限公司、西安方舟工程咨询有限责任公司

主要起草人:张劲文、王民、张锋、李江、张育才、李林波、朱定、张顺先、王滔、李书亮、王慧斌、周家强、方磊、徐永钢、胡德勇、鲁华英、邢乔山、许彦峰、梅甲春、刘宗普、余孔波、戴建标、陈柏华

主要审查人:周海涛、李彦武、赵君黎、侯金龙、张少锦、钟建驰、钱振东、章登精、秦大航、李国芬

目　次

1 总则 ··· 1
2 术语和符号 ··· 2
　2.1 术语 ··· 2
　2.2 符号 ··· 2
3 材料 ·· 3
　3.1 防腐层材料 ··· 3
　3.2 防水层材料 ··· 3
　3.3 黏结层材料 ··· 4
　3.4 黏层材料 ·· 5
　3.5 沥青结合料 ··· 5
　3.6 集料 ··· 6
　3.7 矿粉 ··· 8
　3.8 其他材料 ·· 9
4 沥青混合料 ··· 11
　4.1 G 型浇注式沥青混合料 ··· 11
　4.2 改性沥青 SMA ··· 12
5 设备 ··· 13
　5.1 一般规定 ··· 13
　5.2 喷砂除锈设备 ·· 13
　5.3 机械式全断面喷涂设备 ·· 13
　5.4 移动风雨棚 ··· 14
　5.5 集料加工设备 ·· 14
　5.6 沥青混合料拌和生产设备 ··· 14
　5.7 GMA 运输和摊铺设备 ·· 15
　5.8 GMA 边带摊铺设备 ··· 15
　5.9 SMA 摊铺与碾压设备 ·· 16
6 桥面铺装施工 ··· 17
　6.1 一般规定 ··· 17
　6.2 施工准备 ··· 17
　6.3 试验段 ·· 18
　6.4 首次铺装段 ··· 18
　6.5 喷砂除锈施工 ·· 19
　6.6 防腐层施工 ··· 20
　6.7 防水层施工 ··· 20
　6.8 黏结层施工 ··· 21
　6.9 保护层施工 ··· 21
　6.10 黏层施工 ··· 23

6.11 磨耗层施工	23
6.12 路缘防排水处理	24
7 施工质量控制	25
7.1 一般规定	25
7.2 材料质量控制	25
7.3 施工质量控制	27
附录 A GMA 配合比设计方法	30
附录 B GMA 硬度试验方法	32
附录 C GMA 冲击韧性试验方法	34
附录 D 改性沥青 SMA 压实度无核密度仪检测方法	36
用词说明	39

T/CHTS 10018—2019

港珠澳大桥施工技术指南
第七分册:钢桥面铺装工程

1 总则

1.0.1 为规范和指导公路桥梁钢桥面铺装工程施工,保障工程质量,制定本指南。

条文说明:港珠澳大桥主体工程桥梁全长约22.9km,桥面铺装总面积约72.0万 m^2,其中钢桥面铺装约52.3万 m^2,具有规模大、施工条件复杂、技术要求高等特点。为了保证工程的顺利实施,建设单位组织行业内相关单位,制订了港珠澳大桥专用技术文件,并在实践中不断总结完善,形成了钢桥面铺装设计、施工、验收、运维等系列指导文件,为本指南编制奠定了基础。

1.0.2 本指南适用于采用G型浇注式沥青混合料+改性沥青SMA铺装结构的公路桥梁钢桥面铺装工程。

条文说明:港珠澳大桥钢桥面铺装工程采用了丙烯酸防腐漆防腐层+两层甲基丙烯酸甲酯树脂防水层+丙烯酸树脂黏结剂黏结层+30mm厚G型浇注式沥青混合料保护层+改性乳化沥青黏层+38mm厚改性沥青SMA13磨耗层的铺装结构,具体铺装结构参数见图1.0.2。

磨耗层	改性沥青SMA13,厚度38mm
黏层	改性乳化沥青,用量0.3~0.5kg/m²
保护层	撒布粒径为10~15mm的预裹碎石,用量7~11kg/m²
	G型浇注式沥青混合料GMA10,厚度30mm
黏结层	丙烯酸树脂黏结剂,厚度50~150μm
防水层	两层甲基丙烯酸甲酯树脂,厚度2~3mm
防腐层	丙烯酸防腐漆,厚度50~100μm
钢板	喷砂除锈,清洁度等级不低于Sa2.5级,粗糙度50~140μm

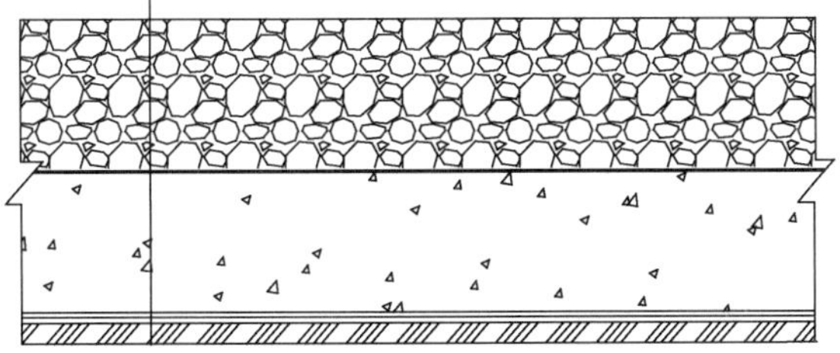

图1.0.2 港珠澳大桥钢桥面铺装结构

1.0.3 除应符合本指南的规定外,尚应符合有关法律、法规及国家、行业现行有关标准的规定。

2 术语和符号

2.1 术语

2.1.1 防水层 waterproof layer
用于桥面板或防腐层与黏结层之间,具有阻止水分渗透作用的功能层。

2.1.2 黏结层 bonding layer
用于防水层与保护层之间,具有良好界面黏结作用的功能层。

2.1.3 G型浇注式沥青混合料 G-mastic asphalt
由特定规格集料、矿粉、道路石油沥青和湖沥青组成,在拌和机内一次性高温拌和生成,具有一定流动性、无须碾压、几乎无空隙、需在施工窗口期铺筑的浇注式沥青混合料。

2.1.4 硬度值 hardness number
G型浇注式沥青混合料试件在一定温度和荷载作用条件下,试件表面形成的压痕深度,以0.1mm计。

2.1.5 冲击韧性 impact toughness
G型浇注式沥青混合料试件在恒定速率加载作用下所形成的荷载-位移曲线中最大荷载、曲线直线段延长线与横坐标所形成封闭区域的面积,以反映沥青混合料断裂时吸收的能量,以 N·mm 计。

2.1.6 首次铺装段 first paving section
按试验段确定的工艺参数和施工流程,在实桥上实施的第一个完整铺装段落,用以形成标准化施工作业指导书。

2.2 符号

TLA——特立尼达湖沥青,Trinidad Lake Asphalt 之略语。
GMA——G型浇注式沥青混合料,G-Mastic Asphalt 之略语。
ME——沥青砂胶,Mastic Epure 之略语。
MMA——甲基丙烯酸甲酯树脂,Methyl Methacrylate Resin 之略语。
HSE——健康、安全和环境管理体系,Health, Safety and Environment 之略语。

3 材料

3.1 防腐层材料

3.1.1 防腐层用丙烯酸防腐漆性能应符合表3.1.1的规定。

表3.1.1 丙烯酸防腐漆技术要求

试验项目	单位	技术要求	试验方法
材料外观	—	色泽均匀,搅拌后无凝胶、结块,呈均匀状态	目视
固体含量	%	≥30	GB/T 16777—2008
表干时间(23℃)	h	≤0.5	GB/T 16777—2008
实干时间(23℃)	h	≤1.0	GB/T 16777—2008
黏结强度(与钢板)(25℃)	MPa	≥5.0	JTG/T 3364-02

3.2 防水层材料

3.2.1 防水层用MMA性能应符合表3.2.1的规定。

表3.2.1 MMA技术要求

试验项目		单位	技术要求	试验方法
密度(23℃)		g/cm³	>1.1	GB/T 15223—2008
固体含量		%	≥95	GB/T 16777—2008
表干时间(23℃)		h	≤0.5	GB/T 16777—2008
实干时间(23℃)		h	≤1.0	GB/T 16777—2008
拉伸强度(23℃)		MPa	≥12.0	GB/T 16777—2008
断裂伸长率(23℃)		%	≥130	GB/T 16777—2008
70℃热老化56d后	拉伸强度(23℃)	MPa	≥10.0	GB/T 16777—2008
70℃热老化56d后	断裂伸长率(23℃)	%	≥100	GB/T 16777—2008
70℃热老化56d后	100%定伸应力	MPa	≥8.0	GB/T 16777—2008
低温柔性(-20℃,φ20mm圆筒)	未老化	—	无裂纹	GB/T 16777—2008
低温柔性(-20℃,φ20mm圆筒)	70℃热老化56d后	—	无裂纹	GB/T 16777—2008
低温柔性(-20℃,φ20mm圆筒)	23℃用水浸湿28d后	—	无裂纹	GB/T 16777—2008
不透水性(0.3MPa,24h)		—	不透水	GB/T 16777—2008
硬度(2mm防水膜)	邵D	—	40~60	GB/T 2411—2008
硬度(2mm防水膜)	邵A	—	>85	GB/T 2411—2008

表 3.2.1（续）

试 验 项 目		单 位	技 术 要 求	试 验 方 法
耐化学性：0号柴油、92号汽油	外观	—	颜色无可见变化	GB 9274—88 甲法（浸泡法）、GB/T 16777—2008、GB/T 528—2009
	质量变化率	%	≤3.0（0号柴油） ≤40.0（92号汽油）	
	拉伸强度保持率	%	≥80.0（0号柴油） ≥10.0（92号汽油）	
撕裂强度		N/mm	≥60	GB/T 529—2008
最小凝胶时间（以允许湿膜检测）		min	≥1	目测
可以行驶车辆的时间		h	≤2	目测
黏结强度（组合结构，25℃）		MPa	≥1.0	JTG/T 3364-02
黏结强度（与基面，25℃）		MPa	≥5.0	
剪切强度（组合结构，25℃）		MPa	≥1.0	JTG/T 3364-02

条文说明：MMA是一种双组分材料，通过混合反应形成一层坚韧、致密的无缝防护膜，不含溶剂，防水、密水、抗裂性能优良。该材料在欧洲及我国应用日益广泛，材料来源也逐渐增多。鉴于防水层在钢桥面铺装结构中的重要性，港珠澳大桥管理局前期通过国内外技术文献及应用案例调研，借鉴我国以及英国的相关技术标准，制定了MMA防水层材料的技术要求。除了表3.2.1所示技术要求以外，还提出了23℃透湿性（ASTM E-96）、可以显露在紫外线条件下并保持性能的最短时间（BS EN 4624:2003）、2 000h紫外线抵抗性能（BS EN 1062-11；ISO 11507 Method A；ISO 4628 Parts 2，4 and 5）、40℃组合结构剪切强度（SIA281.3）等技术指标要求。根据港珠澳大桥工程材料准入管理办法，在MMA材料供货单位确定前，相应潜在供货单位须提供该材料的全部技术指标检测报告，经审验合格后才有资格成为供货单位。在防水层材料供货及实施期间，考虑现场试验条件、试验周期等问题，只对其中的关键性能指标进行检测。

3.3 黏结层材料

3.3.1 黏结层用丙烯酸树脂黏结剂性能应符合表3.3.1的规定。

表 3.3.1 丙烯酸树脂黏结剂技术要求

试 验 项 目	单 位	技 术 要 求	试 验 方 法
固体含量	%	≥30	GB/T 16777—2008
表干时间（23℃）	h	≤0.5	
实干时间（23℃）	h	≤1.0	
黏结强度（组合结构，25℃）	MPa	≥1.0	JTG/T 3364-02

条文说明：丙烯酸树脂黏结剂是一种单组分、溶剂型、含锌的丙烯酸类材料，通常直接辊涂或喷涂于MMA防水层上。待溶剂挥发后，形成一个整体封闭薄膜黏附在基面上，在超过200℃的GMA摊铺之后，高温可以激活丙烯酸树脂黏结剂二次反应，形成更有效的黏结强度，增强防水层与保护层之间的结合效果。

3.4 黏层材料

3.4.1 黏层用改性乳化沥青性能应符合表3.4.1的规定。

表3.4.1 改性乳化沥青技术要求

试验项目		单位	技术要求	试验方法
1.18mm筛上剩余量		%	≤0.1	T 0652
储存稳定性(5d)		%	≤5	T 0655
沥青标准黏度$C_{25,3}$		s	8～25	T 0621
蒸发残留物含量		%	≥55	T 0651
蒸发残留物性质	针入度(25℃)	0.1mm	40～100	T 0604
	延度(5℃)	cm	≥20	T 0605
	软化点(环球法)	℃	≥55	T 0606

3.5 沥青结合料

3.5.1 SMA用改性沥青性能应符合表3.5.1的规定。

表3.5.1 改性沥青技术要求

项　　目		单位	技术要求	试验方法
针入度(25℃)		0.1mm	40～60	T 0604
软化点(环球法)		℃	≥85	T 0606
延度(5℃)		cm	≥25	T 0605
溶解度(三氯乙烯)		%	≥99	T 0607
弹性恢复率(25℃)		%	≥85	T 0662
储存稳定性离析,48h软化点差		℃	≤2.5	T 0661
运动黏度(135℃)		Pa·s	≤3.0	T 0625
TFOT(或RTFOT)后残留物	质量变化	%	-1.0～+1.0	T 0610 或 T 0609
	针入度比(25℃)	%	≥65	
	延度(5℃)	cm	≥15	

条文说明：已有研究资料表明,钢桥面顶板厚度对钢桥面铺装应力应变状态影响非常大,顶板厚度从10mm增加到18mm时,最大横向拉应变可降低约73%,最大层间横向剪应力可降低约53%。港珠澳大桥钢箱梁顶板厚度为18mm、20mm、22mm、24mm等,高于我国钢箱梁顶板通常采用的厚度(14mm、16mm),钢桥面系的整体刚度非常高。经计算钢桥面最小曲率半径为28.14m,肋间相对挠度为0.137mm,远高于现行行业规范规定。因此,未对钢桥面铺装SMA用改性沥青规定更高的技术指标要求。

3.5.2 GMA用沥青结合料由A-70号道路石油沥青和TLA混合组成,A-70号道路石油沥青性能应符合表3.5.2-1的规定,TLA性能应符合表3.5.2-2的规定,A-70号道路石油沥青与TLA的混合沥青性能应符合表3.5.2-3的规定。

表 3.5.2-1　A-70 号道路石油沥青技术要求

试 验 项 目		单 位	技 术 要 求	试 验 方 法
针入度(25℃)		0.1mm	60～80	T 0604
针入度指数 PI		—	－1.5～＋1.0	T 0604
软化点(环球法)		℃	≥47	T 0606
延度	10℃	cm	＞15	T 0605
	15℃	cm	≥100	T 0605
溶解度(三氯乙烯)		%	≥99.5	T 0607
闪点(COC)		℃	≥260	T 0611
含蜡量(蒸馏法)		%	≤2.2	T 0615
动力黏度(60℃)		Pa·s	≥180	T 0620
TFOT(或 RTFOT)后残留物	质量变化	%	±0.8	T 0610 或 T 0609
	针入度比(25℃)	%	≥61	
	延度(10℃)	cm	≥6	

表 3.5.2-2　TLA 技术要求

试 验 项 目	单 位	技 术 要 求	试 验 方 法
针入度(25℃)	0.1mm	0～5	T 0601
软化点(环球法)	℃	≥90	T 0606
灰分含量	%	33～38	T 0614
密度(25℃)	g/cm³	1.3～1.5	T 0603

表 3.5.2-3　GMA 用混合沥青技术要求

试 验 项 目	单 位	技 术 要 求	试 验 方 法
针入度(25℃)	0.1mm	10～20	T 0604
软化点(环球法)	℃	≥65	T 0606
溶解度(三氯乙烯)	%	≥66	T 0607
RTFOT 质量变化	%	－1.0～＋1.0	T 0610
总矿物含量	%	20～30	T 0614

条文说明：港珠澳大桥钢桥面铺装工程借鉴港澳地区及国外桥面铺装实践经验，GMA 采用了 A-70 号道路石油沥青与 TLA 的混合沥青作为结合料，其中 A-70 号道路石油沥青和 TLA 混合时的质量比为 30：70。

3.6　集料

3.6.1　粗集料应为坚硬、清洁、干燥、无风化、无杂质，颗粒形状接近立方体、多棱角体的碎石，宜采用玄武岩、辉绿岩等耐磨、抗压、基性的岩石轧制而成。

3.6.2　粗集料的规格应符合现行《公路沥青路面施工技术规范》(JTG F40)中 S14(3～5mm)、S12(5～10mm)、S10(10～15mm)的有关规定，其性能应满足表 3.6.2 的要求。

表 3.6.2 粗集料技术要求

项　目		单　位	技术要求 SMA	技术要求 GMA	试验方法
压碎值	常温	%	≤18	≤18	T 0316
压碎值	240℃保温 60min	%	—	≤24	T 0316
洛杉矶磨耗值		%	≤20	≤22	T 0317
磨光值		%	≥44	—	T 0321
表观相对密度		g/cm³	≥2.60	≥2.60	T 0304
吸水率		%	≤2.0	≤2.0	T 0304
坚固性		%	≤12	≤12	T 0314
黏附性		级	≥5	≥4	T 0616
针片状颗粒含量(混合料)		%	≤8	≤8	T 0312
其中粒径大于 9.5mm		%	≤5	—	T 0312
其中粒径小于 9.5mm		%	≤10	—	T 0312
小于 0.075mm 颗粒含量(水洗法)		%	≤1	≤1	T 0310
软石含量		%	≤1.0	≤2.0	T 0320

3.6.3 细集料宜采用石灰岩轧制而成的机制砂或分级筛分的石屑,不应采用天然砂。细集料应具有一定的棱角性,且坚硬、洁净、干燥、无风化、无杂质或其他有害物质。

3.6.4 GMA10 用细集料宜采用工厂化生产,规格应符合表 3.6.4 的规定。SMA13 用细集料的规格应符合现行《公路沥青路面施工技术规范》(JTG F40)中 S16(0～3mm)的有关规定。

表 3.6.4 GMA10 用细集料规格要求

材　料	通过下列筛孔(mm)的质量百分率				
	4.75	2.36	0.6	0.212	0.075
细集料 A	100	95～100	15～40	0～10	0～3
细集料 B	100	100	95～100	0～10	0～5
细集料 C	100	100	100	80～100	15～25

条文说明:GMA 配合比设计方法与英国浇注式沥青混合料相同,均先进行 ME 配合比设计。根据《港珠澳大桥主体工程桥面铺装工程专用技术标准要求》,ME 矿料级配控制筛孔包括 0.075mm、0.212mm、0.6mm 和 2.36mm。为了便于 ME 矿料级配设计和 GMA 生产级配的精准控制,保障 GMA 的生产稳定性,港珠澳大桥用细集料划分为细集料 A(0.6～2.36mm)、细集料 B(0.212～0.6mm)及细集料 C(0.075～0.212mm)三档。

3.6.5 GMA10 和 SMA13 用细集料性能应符合表 3.6.5 的规定。

表 3.6.5 细集料技术要求

试 验 项 目	单 位	技术要求	试验方法
表观相对密度	—	≥2.50	T 0328
坚固性(＞0.3mm 部分)	%	≤12	T 0340
砂当量	%	≥75	T 0334
亚甲蓝值	g/kg	≤2.5	T 0349
棱角性(流动时间)	s	≥30	T 0345
碳酸钙含量*	%	≥85	GB/T 19281—2014

注：* SMA13 用细集料对该项指标不作要求。

3.6.6 GMA 表面用预裹碎石应采用坚硬、耐磨的岩石轧制而成，碎石应洁净、无杂质，其性能应符合表 3.6.6 的规定。碎石宜采用 SMA 用改性沥青预裹，改性沥青性能应符合表 3.5.1 的规定，改性沥青用量宜为 0.3%～0.5%。

表 3.6.6 预裹碎石技术要求

试 验 项 目		单 位	技术要求	试验方法
吸水率		%	≤2.0	T 0352
含水率		%	≤0.3	T 0305
含泥量		%	≤1	T 0333
针片状颗粒含量		%	≤8	T 0312
通过率	9.5mm	%	≤10	T 0327
	13.2mm	%	≥80	

3.7 矿粉

3.7.1 矿粉应采用洁净、无杂质的石灰岩磨制，其性能应符合表 3.7.1 的规定。

表 3.7.1 矿粉技术要求

试 验 项 目		单 位	技术要求	试验方法
表观密度		g/cm³	≥2.50	T 0352
含水率		%	≤1	T 0103
通过率	0.6mm	%	100	T 0351
	0.15mm	%	95～100	
	0.075mm	%	85～95	
外观		—	无团粒结块	目视
亲水系数		—	＜1	T 0353
塑性指数		—	＜4	T 0354

条文说明：矿粉在 GMA10 中的含量高于 20%，其规格对 GMA10 性能影响较大，因此规定用于 GMA10 的矿粉 0.075mm 筛孔通过率应为 85%～95%，更有利于保障混合料的生产质量稳定性。

3.7.2 不应将沥青混合料拌和机的回收粉作为沥青混合料矿粉使用。

3.8 其他材料

3.8.1 SMA用纤维稳定剂宜采用木质素纤维，木质素纤维性能应符合现行《沥青路面用木质素纤维》(JT/T 533)的有关规定。

3.8.2 钢桥面铺装埋设的螺旋排水管宜由不锈钢金属材质或其他不易腐蚀且耐高温的材质制成，应具有弹性，外径宜为10～12mm。

条文说明：运营期间沥青铺装层以及与路缘构造物之间存在水分下渗，残留在层间的水可以通过螺旋排水管引入泄水槽。综合考虑层间水量有限及安装可行性，建议选用外径为10～12mm的螺旋排水管。港珠澳大桥钢桥面铺装采用了树脂材质和不锈钢金属材质两种螺旋排水管，其技术性能见表3.8.2-1、表3.8.2-2。

表 3.8.2-1　树脂材质螺旋排水管技术要求

试验项目	单位	技术要求	试验方法
弹簧丝直径	mm	1.50～1.99	游标卡尺
外径	mm	12.0±1.5	
长度	m	≥25.0	卷尺或皮尺
耐热性(230℃,30min)	—	外观无异常	—

表 3.8.2-2　不锈钢金属材质螺旋排水管技术要求

试验项目	单位	技术要求	试验方法
钢丝直径	mm	1.50～1.99	游标卡尺
外径	mm	10.0±1.0	
旋向	—	右	目测
自由长度	mm	4 600±50	卷尺或皮尺

3.8.3 沥青贴缝条性能应符合表3.8.3的规定。

表 3.8.3　沥青贴缝条技术要求

试验项目	单位	技术要求	试验方法
软化点(环球法)	℃	≥90	T 0606
弹性恢复率(25℃)	%	≥10	T 0662
低温柔度(-15℃,30min,R=15mm)	—	无裂纹	GB 18243—2008
厚度	mm	4～6	

3.8.4 磨耗层与路缘结合部位的碎石填充料应满足SMA用集料S10(3～5mm)的技术要求，填缝料性能除应符合现行《路面加热型密封胶》(JT/T 740)的有关规定外，尚应满足表3.8.4的要求。

表 3.8.4 填缝料技术要求

试验项目	单位	技术要求	试验方法
锥入度(25℃)	0.1mm	<50	JT/T 740—2015
软化点(环球法)	℃	≥90	
流动值(60℃,5h)	mm	≤3	
弹性恢复率(25℃)	%	30~70	
低温拉伸(0℃,25%拉伸量,3次循环)	—	通过	

4 沥青混合料

4.1 G型浇注式沥青混合料

4.1.1 GMA10的配合比设计应按附录A进行。ME矿料级配范围应符合表4.1.1-1的规定,ME硬度值测试应按照附录B进行,25℃硬度值应为15～25(0.1mm);GMA10矿料级配组成中大于2.36mm的粗集料含量应占GMA10总质量(含沥青结合料)的45%±10%,9.5～13.2mm粗集料的质量不应超过粗集料总质量的10%。

表4.1.1-1 ME组成范围

材料组成		下 限	上 限
各档料占矿料总质量的百分比(%)	2.36mm筛上含量	0	2.5
	0.6～2.36mm含量	4	21
	0.212～0.6mm含量	8	32
	0.075～0.212mm含量	8	25
	通过0.075mm含量	40	56
可溶沥青含量(%)		14	17

条文说明:港珠澳大桥钢桥面铺装工程实施期间,按照相关标准定制了0.075mm、0.212mm、0.6mm和2.36mm的筛网,并加工了相应规格的细集料,项目实施过程中,按照表4.1.1-1进行ME配合比设计。通过线性插值法将沥青砂胶ME矿料级配换算成我国标准筛孔通过率,结果见表4.1.1-2,实际使用过程中可参照执行。

表4.1.1-2 转换为我国标准筛孔的ME级配组成范围

级配类型	通过下列筛孔(mm)的质量百分率(%)						
	4.75	2.36	1.18	0.6	0.3	0.15	0.075
ME	100	97.5～100	85～97.5	76.5～96	53～90	43.5～75.5	40～56

ME可溶沥青含量为TLA中可溶沥青质量与道路石油沥青中可溶沥青质量之和占ME混合料质量的百分比。

4.1.2 GMA10性能应符合表4.1.2的规定。试验室拌制时,刘埃尔流动性宜控制在5～20s,现场刘埃尔流动性以满足施工和易性为准。

表4.1.2 GMA10技术要求

试验项目		单位	技术要求	试验方法
马歇尔稳定度(60℃)	流值为5mm时	kN	≥4	T 0709
	流值为15mm时	kN	≥8	
硬度值(35℃)		0.1mm	5～20	附录B
冲击韧性(15℃)		N·mm	≥400	附录C
动稳定度(60℃)		次/mm	300～800	T 0719

条文说明:为了保障钢桥面铺装的质量,港珠澳大桥通过专题研究提出采用马歇尔稳定度(60℃)和硬度值(35℃)对GMA的高温稳定性进行评价,通过冲击韧性(15℃)对GMA的疲劳性能进行评价。

刘埃尔流动性指标反映GMA施工和易性。为防止GMA离析,规定试验室拌制时的刘埃尔流动性下限值为5s。GMA运至现场施工时,流动性满足良好施工和易性即可,一般情况下240℃不宜大于60s。

我国南京四桥钢桥面铺装工程采用动稳定度(60℃)指标对浇注式沥青混合料的高温稳定性进行评价,规定动稳定度不应低于300次/mm。为了保障GMA的路用性能,港珠澳大桥借鉴该方法对GMA的高温抗变形能力进行评价,并结合实际情况,通过相关研究确定了动稳定度(60℃)的控制指标。

为了进一步提高铺装材料性能和结构耐久性,港珠澳大桥桥面铺装施工单位在项目施工准备阶段开展了GMA配合比性能优化工作。针对港珠澳大桥所处区域极端温度高、高温天气持续时间长等特点,通过配合比优化进一步提高了GMA的高温稳定性。项目实施期间,通过延长GMA在浇注式沥青混合料专用运输车中的搅拌时间、提升浇注式沥青混合料专用运输车的搅拌速率至5～6rpm等措施,将GMA的动稳定度提高至450～800次/mm。

GMA用于中央分隔带、检修道等区域时,硬度值等技术要求可参照表4.1.2执行。

4.2 改性沥青SMA

4.2.1 改性沥青SMA13应符合现行《公路沥青路面施工技术规范》(JTG F40)中规定的级配范围,采用马歇尔试验方法进行配合比设计,其性能应满足表4.2.1的要求。

表4.2.1 改性沥青SMA13技术要求

试 验 项 目	单 位	技 术 要 求	试 验 方 法
空隙率	%	3～4	T 0705
稳定度	kN	≥8.0	T 0709
矿料间隙率VMA	%	≥16.5	T 0705
粗集料骨架间隙率VCA_{mix}	%	≤VCA_{DRC}	T 0705
沥青饱和度	%	75～85	T 0705
沥青析漏损失	%	≤0.1	T 0732
沥青混合料飞散损失	%	≤15	T 0733
浸水马歇尔试验残留稳定度	%	≥80	T 0709
冻融劈裂强度比	%	≥85	T 0729
动稳定度(60℃)	次/mm	≥6 000	T 0719
低温弯曲应变(-10℃,50mm/min)	—	≥3.0×10^{-3}	T 0715

条文说明:考虑到港珠澳大桥所处区域极端温度高、高温天气持续时间长,混合料及铺装结构对高温稳定性要求更高,施工单位在项目实施期间,通过配合比优化进一步提高了SMA13的高温稳定性,动稳定度实测值均在8 000次/mm以上。

5 设备

5.1 一般规定

5.1.1 桥面铺装施工应配备车载式抛丸机、手推式抛丸机、移动风雨棚、沥青混合料间歇式拌和机、浇注式沥青混合料专用摊铺机、运输车、非接触式平衡梁摊铺机、水平振荡压路机等设备及设施。

5.1.2 施工设备的功能及数量应满足施工要求,其性能应符合行业相关环保要求的规定。

5.1.3 应使用自动化和智能化程度高的施工设备和装置。

条文说明:港珠澳大桥在国内首次提出桥面铺装"自动化、机械化、工厂化"的施工理念和"以设备保工艺"的质量管理要求。用于港珠澳大桥钢桥面铺装的机械设备在自动化、智能化方面较以往工程均得到了较大的改进和提升,如采用车载式抛丸机替代大部分手推式抛丸机进行钢桥面喷砂除锈、采用机械式全断面喷涂设备替代人工喷涂方式进行钢桥面铺装防水层喷涂作业、采用移动风雨棚实现了防水层的移动工厂化作业等,极大地提升了施工质量和效率。

5.2 喷砂除锈设备

5.2.1 行车道喷砂除锈采用的车载式抛丸机应集动力系统、行走系统和自动化控制系统于一体,中央分隔带、人行道喷砂除锈宜采用手推式抛丸机。

条文说明:钢桥面喷砂除锈传统采用手推式抛丸机,工作效率较低、施工质量波动较大,无法满足大规模桥面铺装施工质量和工效要求。车载式抛丸机是在手推式抛丸机基础上,集成了自动化控制系统,作业宽度更大、效率更高,实现了自动化、智能化控制,施工质量及效率得到了有效保障。

5.2.2 车载式抛丸机可装钢丸容量不应低于500kg,喷砂作业宽度不应小于1.0m,工作速度宜为0~20m/min,作业效率宜为200~300m^2/h。

5.2.3 车载式抛丸机应具备自动除尘功能,并带有自动反吹系统。

5.2.4 手推式抛丸机的作业宽度不应小于0.3m,作业效率不应小于40m^2/h。

5.3 机械式全断面喷涂设备

5.3.1 MMA用机械式全断面喷涂设备应由机械桁架、导轨、可移动喷枪等组成,同时应配备行走和喷涂控制系统。

条文说明:钢桥面铺装MMA防水层喷涂作业传统方法是采用人工手持式喷涂设备进行施工,工作效率低、质量稳定性较差。港珠澳大桥钢桥面铺装工程规模大、质量要求高,采用传统设备进行MMA施工无法满足质量和工期的要求。建设单位组织施工单位开发了MMA机械式全断面喷涂设备,采用电脑程序自动控制喷涂高度、速度。通过试验段和首次铺装段的实施,优化了设备配置,固化了施工工艺参数,施工效率和质量均得到了极大的提高。

同时,两层防水层的施工时间间隔对于层间黏结性能影响较大,采用两台机械式全断面喷涂设备进行流水化作业,可将时间间隔较好地控制在要求范围内,使层间黏结性能得到有效保障。

5.3.2 机械式全断面喷涂设备作业宽度应为1.0~14.5m,高度应为0.4~0.8m,工作速度应为0~0.5m/s,作业效率宜为300~350m^2/h。

5.3.3 喷涂设备应采用柱塞泵,宜设有双喷头,喷嘴直径宜为1.0mm,喷头压力不应小于18MPa。

5.3.4 可移动喷枪移动距离应为0～14.5m,移动速度宜为0～0.5m/s。

5.4 移动风雨棚

5.4.1 钢桥面防水层喷涂区域防护用移动风雨棚的高度不应低于4m,长度不应小于15m,宽度应满足防水层喷涂设备的作业宽度要求。

条文说明:防水层材料喷涂施工受温度、湿度、风向、风速等环境条件影响较大,如环境温度影响材料固化,湿度影响黏结性能,风向、风速影响喷涂均匀性,并可能造成环境污染和材料浪费。港珠澳大桥钢桥面铺装防水层施工过程中采用"移动工厂化"的作业方式,实现了防水喷涂工厂化作业。

5.4.2 移动风雨棚可实现快速拆卸和安装,宜配置自动或半自动牵引系统。

5.4.3 移动风雨棚应能抵抗6级风。

5.5 集料加工设备

5.5.1 集料生产线、原材料及成品仓库均应设置于密闭厂房内,布局应满足工厂化设计和生产要求。

条文说明:为提高GMA级配控制的精确度,适应GMA对细集料的微米级分档要求,进一步提高集料的颗粒组成均匀性和洁净程度,港珠澳大桥突破国内集料生产线的传统模式,建立了集料生产工厂。

5.5.2 粗、细集料破碎主机宜采用冲击式立轴破碎机,粗集料筛分设备宜采用概率筛,细集料筛分设备宜采用空气筛和多电机振动概率筛,设备型号可根据生产需求确定。

5.5.3 集料无尘化生产应采用全封闭布袋式干式吸尘设备,粉尘宜采用粉罐收集处理。

5.5.4 集料的包装和仓储应采用自动定量称量包装设备和转运平车、天车,包装宜为2t/袋,袋内应采用防潮膜,包装成品集料应配备电子身份标签。

5.5.5 集料生产的主机、出料口、包装区、储存区等关键部位,应安装视频监控。

条文说明:为确保集料的工厂化生产目标,将基岩开采和半成品加工的关口前移,半成品材料须保持稳定和干燥,集料工厂专注于半成品原材料的精加工,以确保工厂的生产不受基岩的岩性限制,可针对不同岩性的材料进行桥面铺装集料的精加工生产。

5.6 沥青混合料拌和生产设备

5.6.1 TLA专用脱桶设备应配置提升机,脱桶效率不应低于5t/h。

条文说明:TLA采用桶装进行储存和运输,生产前需将桶装TLA进行脱桶、融化,拌和场站需配置TLA专用脱桶设备,脱桶设备的配置数量应满足项目施工需要。

5.6.2 沥青混合专用设备宜采用立式罐,宜设置3层水平搅拌叶片,搅拌速率宜为6～8rpm,工作温度范围应为50～200℃,储量不应低于3t。

条文说明:沥青混合设备用于TLA和A-70号道路石油沥青的混合生产,按照设定的比例将融化后的TLA和A-70号道路石油沥青在一定温度下进行充分搅拌并混合均匀,因此搅拌叶片的设置层数应考虑混合罐的容量大小,一般采用3层设计。混合罐的容量应与混合料的生产效率相匹配。

5.6.3 混合沥青专用储罐容量不应低于20t,其下层盘管应设置为弧形,并配置内循环泵,设置卧式搅拌轴,搅拌速率不应小于 2r/min。

条文说明:GMA 用混合沥青由 A-70 号道路石油沥青和 TLA 按 30∶70(质量比)混合而成,TLA 掺量高。TLA 的灰分含量为 33%~37%,在进行混合沥青生产时,灰分易离析沉淀。因此,港珠澳大桥建设单位组织施工单位对传统的混合设备进行了改进,在项目实施中增加了搅拌轴的长度和搅拌叶片的数量,并通过内循环的方式,有效防止混合沥青的离析,确保混合沥青的质量。

5.6.4 沥青混合料生产应采用间歇式拌和机,产量不应低于 60t/h,宜配置不少于 3 个粉料储罐,单个储罐容量不应低于 100t。

条文说明:GMA 矿粉用量高,一般为 20%~30%,对矿粉的需求量较大;同时 GMA 用细集料 C(0.075~0.212mm)宜采用粉罐储存,避免进入干燥筒加热除尘吸走。因此,沥青拌和机宜配置 3 个及以上的粉料罐,确保备料充足、生产连续。

5.6.5 拌和机矿粉秤的最大量程不应小于 0.5t,集料称量误差为±1%,矿粉和沥青称量误差为±0.5%。

5.6.6 GMA 生产拌和机宜配置矿粉加热设备,由加热罐和储存罐组成。加热罐的加热效率不应低于 5t/h,储存罐的容量不应低于 50t。

条文说明:GMA 拌和温度高,出料温度超过 210℃,其中集料加热温度一般为 300~350℃。集料较高的加热温度一方面影响了生产效率,另一方面对设备造成了一定程度的热冲击和损伤。为降低集料的加热温度,将矿粉进行预加热,加热温度一般为 110~120℃,GMA 达到出料温度时的集料加热温度可降低到 260~280℃。

5.7 GMA 运输和摊铺设备

5.7.1 运输车应具备搅拌和保温功能,最大搅拌速率不应低于 6rpm,装载量不应低于 10t,温度控制精度应达到±5℃。

条文说明:GMA 采用浇注式沥青混合料专用运输车进行运输及保温,在摊铺前应保持设计要求的温度,同时不应产生离析,因此在运输过程中需要不断搅拌和保温;同时,为了确保 GMA 在运输过程中发生一定程度的老化,需要控制转速在一定范围内。浇注式沥青混合料专用运输车的最大装载量一般在 30t 以内,可根据项目施工需要,合理选择不同装载量类型的专用运输车,并确保配置数量满足需求。

5.7.2 GMA 专用摊铺机宜采用履带式行走轮,配置横向分料器,摊铺宽度应为 3.5~11.0m,工作速度宜为 0.25~5.0m/min。

5.7.3 GMA 用碎石撒布机宜采用四轮驱动,撒布宽度应为 3.5~11.0m,工作速度宜为 0.25~6.0m/min。

5.8 GMA 边带摊铺设备

5.8.1 边带摊铺设备应包含侧向喂料装置和边带摊铺机,边带摊铺机应由行走装置、可加温熨平板和熨平板升降调节装置组成。

条文说明:GMA 边带传统摊铺方式一般为人工摊铺,为进一步提高质量均匀性和施工效率,建设单位组织施工单位开发了边带摊铺设备,降低了对流动性的要求,有效减少了因人工操作引起的施工偏差。

5.8.2 边带摊铺机应采用四轮驱动,摊铺工作宽度应为 0.5~1.0m,工作速度宜为 1.0~2.5m/min。

5.8.3 喂料装置宜刚性连接浇注式沥青混合料专用运输车,速度及供料量应与边带摊铺速度匹配。

5.9 SMA 摊铺与碾压设备

5.9.1 SMA 摊铺用非接触式平衡梁摊铺机应带自动找平功能,单机摊铺宽度宜为 6.0～11.0m,工作速度宜为 1.5～4.0m/min。

5.9.2 SMA 碾压用双钢轮水平振荡压路机不应小于 11t,水平振荡的低频、高频频率应分别达到 35Hz、43Hz,最大激振应力不应小于 190kN。

条文说明: 垂直振动压路机垂直振动时,主梁变形导致垂直振动压路机压实功降低;水平振荡压路机的压实功是水平横向发散,直接作用于混合料内部,压实效果更好。此外,水平振荡压路机可有效减小振动碾压时对桥梁结构的不利影响。因此,钢桥面铺装 SMA 的压实(复压)应采用水平振荡压路机进行碾压。

6 桥面铺装施工

6.1 一般规定

6.1.1 施工前应建立健全HSE管理体系,制订环境保护、节能减排和安全文明施工的实施方案。

6.1.2 钢桥面铺装施工安排应避开雨季,施工环境条件应满足设计与施工要求。

6.1.3 钢桥面喷砂除锈、防腐层、防水层及黏结层施工环境温度不应低于10℃,空气相对湿度不应高于85%,钢板表面温度应高于空气露点3℃以上。

6.1.4 施工现场宜设置移动气象站,应实时采集天气状况,指导施工组织计划。

条文说明:钢桥面铺装施工对气候环境条件要求极其严格,特别是钢桥面喷砂除锈、防腐层、防水层及黏结层施工,在湿度过大或钢板表面温度过低时,钢板在喷砂除锈后易产生锈蚀,影响防水层的黏结性能。对于外海的大规模桥面铺装工程,气候条件复杂多变,应更加关注气象条件,并与当地气象部门建立联系,在桥位区建立移动气象站,获取及时准确的短期气象条件信息,指导现场施工。

防腐层、防水层及黏结层施工前和施工过程中,应通过移动气象站随时监测和掌握施工区域的环境气候条件,满足要求方可施工。当环境条件发生变化且不符合设计施工要求时,应停止施工。

6.1.5 施工前应对机械设备、测量器具、检测仪器等进行全面的检查、调试、校核、标定、保养,施工过程中应对各种设备、仪器进行定期检查和校验;主要设备和仪器的易损零部件应有适量储备。

6.1.6 各工序施工时应保持基面清洁、干燥,宜全桥封闭,避免与可能污染铺装界面的其他工序交叉施工;对已施工完毕的区域应进行保护,不应污染和破坏。

6.1.7 纵向施工缝不应设置在轮迹带位置,磨耗层与保护层的纵向施工缝间距不应小于30cm,磨耗层与保护层的横向施工缝间距不应小于100cm。钢桥面铺装的横向施工缝与横肋或横梁位置间距不应小于100cm,纵向接缝与纵腹板位置间距不应小于30cm。

6.1.8 施工前应对桥面附属设施进行保护,防止污染。

6.1.9 施工前应制定安全生产管理制度和突发事件应急预案,施工人员应得到必要的劳动保护,沥青拌和站和施工现场应按相关规定设置消防设施,防腐层、防水黏结层和黏结层施工时严禁烟火。

6.2 施工准备

6.2.1 施工单位应根据合同文件和设计文件编制详细的施工组织设计,分析项目的关键控制点及风险点,制定相应的解决方案和应急预案,并进行施工技术交底工作。

6.2.2 施工单位应依据工程规模、项目特点等要求建立项目部和工地试验室,并符合行业相关规定和要求。

6.2.3 应结合项目特点、规模、工期等要求合理布置拌和生产场站,满足"三通一平"的要求,符合工地标准化建设的有关规定。

6.2.4 应建立材料及设备的封闭式仓库,料仓的容量应满足最大单批次连续施工要求以及运输车、装载机等作业要求。

条文说明:连续施工作业对于保障钢桥面铺装施工质量至关重要,集料的储备量是最为重要的环节。港珠澳大桥钢桥面铺装规模大，集料需求量多，需要将整体铺装工程按桥梁结构特点划分为多个施工单元。施工单元可以是一联（多跨）桥面或者单体桥梁的半幅桥面。最大单批次指的是以最大施工单元所需的集料作为一个批次，以此为单位进行集料的储备管理。

6.2.5 施工前应充分调查材料的来源，并对潜在供应商及其材料质量、产能、运输方式、供货能力等进行充分调研和评估。集料、矿粉等地材应采取准入制方式确定主选供应商和备选供应商。

条文说明：准入制是港珠澳大桥管理局为保证钢桥面铺装沥青混合料的原材料品种、规格和技术性能符合设计和国家相关规范的有关规定，进一步强化对原材料生产过程的监督和管理而实施的一种原材料管理措施。港珠澳大桥管理局制定了沥青混合料材料准入管理办法，针对集料、矿粉等地材提出了准入管理要求。本项目集料用量大、质量要求高，采用了工厂化生产。项目准备期，建设单位联合总监办、试验检测中心等单位，组织对承包人拟选的集料供应商进行了现场考察和准入考核。对工厂化生产基地的建设情况、生产设备配置、生产工艺流程、材料质量、生产能力、质量控制体系、安全环保体系、仓储和运输条件以及生产工艺改进等进行综合评估。同时进行了首批次材料的生产、检测和评价，召开了准入评审会，最终确定了集料主选供应商和备选供应商。

6.3 试验段

6.3.1 试验段工序应包括喷砂除锈、防腐层、防水层及黏结层涂装、沥青混合料生产与摊铺碾压等。

6.3.2 喷砂除锈、防腐层、防水层及黏结层涂装试验段应选择在钢桥上实施，沥青混合料铺装试验段可选择在混凝土桥面上实施。

6.3.3 喷砂除锈、防腐层、防水层、黏结层试验段面积均不宜小于 $200m^2$，沥青混合料铺装试验段长度不宜小于 200m，且面积不宜小于 $3\,000m^2$。

6.3.4 喷砂除锈与防腐层试验段应达到以下目的：

1 确定抛丸机的数量和组合方式。

2 确定钢丸与棱角砂的混合比例。

3 确定满足清洁度和粗糙度要求的抛丸机行走速度、工作压力等工艺参数。

4 确定满足干膜厚度（或用量）以及与基面黏结强度要求的涂布工艺。

6.3.5 防水层试验段应达到以下目的：确定满足干膜厚度（或用量）以及与基面黏结强度要求的施工工艺和机具组合方式等。

6.3.6 沥青混合料铺装试验段应达到以下目的：

1 检验各种施工机械的类型、数量及组合方式。

2 验证及优化混合料生产配合比，提出生产用的配合比及最佳沥青用量。

3 通过试拌检验和确定各类混合料拌和机的上料速度、拌和时间、拌和温度等生产工艺参数。

4 通过试铺检验和确定摊铺、碾压工艺。

6.3.7 试验段应由有关各方共同参与完成，施工结束后，施工单位应提交完整的施工、检测报告，取得监理单位和建设单位的批复。

6.4 首次铺装段

6.4.1 首次铺装段工序应包括喷砂除锈、防腐层、防水层及黏结层涂装、沥青混合料生产与摊铺碾压等。

> 条文说明：港珠澳大桥钢桥面铺装采用了试验段及首次铺装段的质量管理模式。对于类似港珠澳大桥的建设工程或超过 5 万 m² 的桥面铺装工程，应结合现场条件和工期要求建立首次铺装段管理制度并实施首次铺装段。

6.4.2 首次铺装段应达到以下目的：

1 进一步验证各工序的工艺参数。

2 检验工序衔接和施工组织的合理性。

3 检验质量管理体系和 HSE 管理体系的有效性。

6.4.3 首次铺装段应由有关各方共同参与完成，施工结束后应及时进行总结评估，完善标准化施工作业指导书。

6.5 喷砂除锈施工

6.5.1 钢桥面板喷砂除锈施工前应对桥面板外观进行全面检查，焊瘤、飞溅物、针孔、飞边、毛刺等缺陷应打磨平整，锋利的边角应处理到半径 2mm 以上的圆角，打磨后边角焊缝的最大高差不应超过 1mm，与钢桥面的成型角度不应大于 45°；宜采用溶剂法或碱洗法去除桥面油脂、盐分及其他污染物。

6.5.2 钢桥面板喷砂除锈施工期间，应随时检测作业区的大气温度、湿度及钢板表面温度，并符合本指南第 6.1.3 条的有关规定。

> 条文说明：钢桥面板喷砂除锈要求钢板表面温度高于空气露点 3℃以上，相对湿度不应大于 85%。超出规定气候条件下的喷砂除锈施工作业，容易造成喷砂除锈后的钢板表面在短时间内产生点蚀或锈蚀。因此，钢桥面喷砂除锈施工期间应随时监测环境条件，应每隔 0.5h 采集一次环境温度、湿度和露点温度；待环境条件参数稳定后，可降低数据采集频率。当环境条件发生变化且不满足施工作业要求时，应停止施工。

6.5.3 钢桥面板行车道喷砂除锈宜采用车载式抛丸机；桥面边角部位、吊索区等特殊区域喷砂除锈可采用手推式抛丸机。

6.5.4 钢桥面板喷砂除锈用金属磨料应符合现行《涂覆涂料前钢材表面处理》(GB/T 18838)的有关规定，应采用颗粒形状分别为"砂粒"及"丸粒"的金属磨料配合使用，其比例应根据桥面表面状况、粗糙度及清洁度要求，通过试验段确定。

> 条文说明：钢桥面板喷砂除锈施工应使用车载式抛丸机，使用丸粒金属磨料打砂后钢桥面板表面状态与采用砂粒金属磨料打砂后钢板表面形状不同。即使相同的清洁度和粗糙度情况下，防腐层和防水层与钢板结合力也不一样，后者大于前者。因此，工艺上要求在磨料中加入适当比例的砂粒金属磨料。

6.5.5 钢桥面喷砂除锈后采用现行《涂覆涂料前钢材表面处理 表面清洁度的目视评定 第 1 部分：未涂覆过的钢材》(GB/T 8923.1)规定的比照板法测试清洁度等级，不应低于 Sa2.5 级；采用复制带法测试粗糙度，其中采用车载式抛丸机时应为 90~140μm，采用手推式抛丸机时应为 50~100μm。

> 条文说明：手推式抛丸机和车载式抛丸机在设备性能、工作效率、工艺参数等方面存在差异，当采用同样的磨料和工作速度时，喷砂除锈效果有一定差别。港珠澳大桥钢桥面铺装行车道喷砂除锈采用 2-4800DH 型车载式抛丸机，路缘区域采用 2-30D 手推式抛丸机。在试验段实施过程中，采用上述两种抛丸机在不同工况条件下进行喷砂除锈效果的检验和对比，结果见表 6.5.5。

表 6.5.5 港珠澳大桥钢桥面喷砂除锈工艺试验

抛丸机种类	工艺参数		清洁度等级	粗糙度（μm）
	钢丸 S390：钢砂 G18	工作速度（m/min）		
手推式抛丸机	7：3	2～3	Sa2.5	70～100
车载式抛丸机	7：3	2～3	Sa2.5	110～134
	7：3	3～5	Sa2.5	100～115
	5：5	2～3	Sa2.5	121～140

由如表 6.5.5 所示试验结果可知，相同丸砂比、工作速度情况下，车载式抛丸机喷砂除锈的粗糙度比手推式抛丸机的喷砂粗糙度高约35%。主要是由于车载式抛丸机的工作压力和功率较大，其获得粗糙度也相对较高。当采用车载式抛丸机进行喷砂除锈，改变丸砂比、工作速度等工况条件，清洁度等级均能达到Sa2.5级，粗糙度略有变化，集中在110～140μm之间。因此，结合以往工程和港珠澳大桥实际经验，手推式抛丸机喷砂除锈的粗糙度宜为50～100μm，车载式抛丸机喷砂除锈的粗糙度宜为90～140μm。通过试验段，港珠澳大桥确定了满足粗糙度、清洁度设计要求的车载式抛丸机工艺参数，即钢丸 S390：钢砂 G18＝7：3、工作速度为2.5m/min。

6.6 防腐层施工

6.6.1 钢桥面板应在喷砂除锈后2h内完成防腐层施工。

条文说明：钢桥面板喷砂除锈后露出新金属光泽，极易在潮湿环境下产生锈蚀。因此，要求防腐层施工与钢桥面板喷砂除锈施工同步进行，及时对喷砂除锈钢板进行封闭。按照已有工程经验，在环境条件满足要求情况下，间隔时间宜控制在3h以内，港珠澳大桥实施过程中要求2h内完成防腐层的施工。对于海洋性气候环境或湿度条件较大的钢桥面铺装工程，应根据现场实际情况，合理安排计划和组织施工，确保工序紧密衔接。

6.6.2 施工前应将防腐材料充分搅拌均匀，宜采用"十字交叉"辊涂法施工，涂层应均匀、无漏涂现象。

6.6.3 防腐层实干前应采取措施防止受损，不应淋雨、浸水及被其他介质污染。

6.6.4 采用测厚仪检测防腐层的厚度应控制在50～100μm，用量宜为0.15～0.25kg/m²。

6.7 防水层施工

6.7.1 防水层施工应符合下列规定：

1 在防腐层施工完毕并检测合格后方可进行防水层施工。

2 防水层宜采用机械化方式进行喷涂施工。

3 防水层喷涂施工时，钢桥面板温度不应高于50℃。

4 宜采用流水化作业方式进行防水层施工，宜采用移动风雨棚对防水层施工区域进行封闭和保护，以减少与环境的交互影响。

6.7.2 MMA防水层喷涂施工前应采用动力搅拌器将各组分及混合后的材料充分搅拌均匀。

6.7.3 MMA防水层应分两层喷涂施工，宜采用两台机械式全断面喷涂设备流水化作业；施工过程中应随时检查湿膜厚度，每层湿膜厚度不应小于1.2mm。

6.7.4 施工过程中应随时检查气泡、针眼等缺陷，并及时对缺陷进行修补。第二层MMA施工完毕后应采用电火花法测试漏喷、气孔等现象。

条文说明：MMA防水材料在喷涂施工过程中受材料、环境、设备等因素影响，局部会出现漏喷、气孔等现象，如不通过合理、有效的方法进行检测，将对防腐层、防水层质量产生一定影响。根据材料特性，结合以往工程经验，港珠澳大桥采用了"气孔探测仪"（即电火花测试法）对施工完毕区域进行全面探测。对于局部有漏喷、气孔等缺陷地方进行标记，并按照材料施工说明书要求的方法及时进行修补。

6.7.5 防水层施工完毕后采用测厚仪测试两层防水膜总干膜厚度，不应小于2.0mm，并采用总量校核法进行验证，两层防水膜材料总用量宜控制在 $2.5 \sim 3.5 kg/m^2$；采用附着法测试防水层与基面的附着力，25℃黏结强度不应小于5.0MPa。

条文说明：黏结强度是防水层的关键控制指标，检测结果通常随着测试环境温度的升高而降低，而钢桥面防水层施工现场温度通常高于25℃。因此在测试环境温度高于25℃的条件下，现场测试结果不应小于5.0MPa，即认为检测结果是合格的。港珠澳大桥钢桥面防水层MMA材料的固化时间为1h(23℃)，其他温度条件下的固化时间参考产品说明书确定。

6.7.6 每阶段防水层施工完毕后应留有搭接头，搭接宽度不应小于50mm。

6.8 黏结层施工

6.8.1 在防水层施工完毕并检测合格后方可进行黏结层施工。

6.8.2 丙烯酸树脂黏结剂施工前应采用动力搅拌器将材料充分搅拌均匀，宜采用辊涂方式进行施工，厚度应为 $50 \sim 150 \mu m$，用量宜控制在 $0.15 \sim 0.20 kg/m^2$。

6.8.3 对已施工完毕的区域应进行保护，限制车辆通行，不应有油脂、杂物等污染。

6.9 保护层施工

6.9.1 保护层GMA用混合沥青由A-70号道路石油沥青和TLA组成，应按照设计比例将其混合均匀，其中A-70号道路石油沥青加热温度宜为130～140℃，TLA加热温度宜为180～190℃，混合沥青生产温度应为170～180℃，混合时间宜为15～20min。

6.9.2 GMA拌和生产应符合以下规定：

1 应采用间歇式拌和机拌制，宜配置矿粉加热设备。

2 矿粉加热温度宜为110～120℃，集料加热温度宜为260～280℃，拌和后出料温度应为210～230℃。

3 加入集料、矿粉后的干拌时间宜为10～20s，加入沥青结合料后的湿拌时间宜为70～90s，拌和后的混合料应均匀无离析，具有一定的流动性。

6.9.3 GMA运输应符合以下规定：

1 应采用浇注式沥青混合料专用运输车进行保温、搅拌和运输。

2 装料前浇注式沥青混合料专用运输车应提前预热至110～130℃，待装入GMA后温度逐渐保温至210～230℃。

3 GMA装入浇注式沥青混合料专用运输车后应进行持续保温和搅拌，超过施工窗口期最长时间应予以废弃，至指定位置。

条文说明：随着拌和时间的延长，GMA的高温性能逐渐提高，疲劳性能逐渐降低。因此，为满足高温性能、低温性能和疲劳性能的设计要求，GMA应具有容许摊铺施工的最早时间和最晚时间，即施工窗口期。施工窗口期应根据配合比设计结果以及试验段和首次铺装段的检验结果确定（图6.9.3），港珠澳大桥GMA的施工窗口期为2.5～4h。

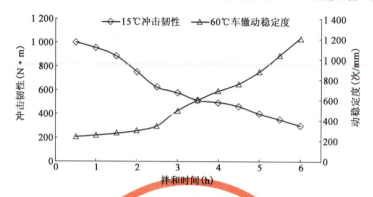

图 6.9.3　GMA动稳定度、冲击韧性随拌和时间延长的变化趋势

为了确保GMA在浇注式沥青混合料专用运输车中得到充分搅拌，并在设定温度条件下产生一定程度的老化，其搅拌速率宜设置为5～6rpm。

4　浇注式沥青混合料专用运输车进入施工区域前应将底盘及轮胎清扫干净，保持干燥、不漏油，不应在已施工黏结层的区域内掉头、紧急制动，行驶速度不应大于10km/h。

5　浇注式沥青混合料专用运输车的数量应根据运距及拌和机的拌和能力确定，应保持施工现场与拌和机之间的有效联系和施工连续性。

6.9.4　GMA摊铺应符合以下规定：

1　行车道GMA应采用专用摊铺机械摊铺，边带及中央分隔带可采用边带摊铺机或人工方式摊铺。

条文说明：GMA边带是行车道摊铺时预留摊铺机轨道行走的区域，一般位于行车道两侧，宽度为50～90cm，由于宽度较窄，无法采用大型机械设备进行施工，只能采用小型机具或人工摊铺。该区域不受行车荷载作用，摊铺过程中应确保与路缘石的有效衔接，防止该区域渗水；同时，在雨水井周围采用人工仔细铺平压实，确保衔接平顺，保证排水畅通。

2　GMA宜采用等厚摊铺方式分幅摊铺，摊铺前应采用与设计摊铺厚度等高的钢制模板或木模板作为侧向模板，沿摊铺方向按照规定的摊铺宽度进行布置，可采用磁铁或其他措施对侧向模板进行固定。

3　摊铺施工前，应逐车检查混合料的温度、流动性，满足要求后方可进行摊铺施工。

4　摊铺施工前应提前将摊铺机熨平板预热至110℃以上，应根据拌和生产能力、运距等因素综合设置摊铺速度，宜控制在1.5～3.0m/min，应保持缓慢、均匀、连续不间断地摊铺。

5　摊铺中应随时观察表面状态，如出现气泡、鼓包等缺陷时，应立即用钢针进行排气处理，并采用木抹将气泡区域压实。

6　两幅GMA保护层之间的接缝应设置热熔类沥青贴缝条，施工相邻幅时，应采用木抹将接缝压实抹平，以确保接缝平顺。

条文说明：热熔类沥青贴缝条粘贴在已摊铺GMA侧立面，用于两幅GMA保护层之间的连接，防止水分下渗。一般采用人工方式粘贴，施工过程中应使贴缝条平行粘贴于GMA侧立面，并使用木槌锤击贴缝条，确保粘贴牢靠。

6.9.5　预裹沥青碎石撒布应符合以下规定：

1　应采用摊铺机自带的碎石撒布设备或自行式碎石撒布机进行预裹沥青碎石撒布。

2　预裹沥青碎石撒布量应根据现场试验确定。

3 预裹沥青碎石撒布后，宜采用2～3t小型压路机碾压，形成平整、均匀的表面，碾压时铺装表面温度宜控制在110～135℃。

4 待碾压完毕，应清除松动或未嵌入稳固的预裹沥青碎石。

条文说明：GMA表面撒布一定规格的碎石，可以改善其高温稳定性和界面抗剪能力，覆盖率宜为75%～85%。港珠澳大桥预裹沥青碎石的规格为10～15mm，撒布量为7～11kg/m²。

碎石的撒布量与其规格和密度有一定相关性，可以根据实际情况，对其撒布量范围进行调整。

6.10 黏层施工

6.10.1 宜采用专用乳化沥青洒布车进行黏层洒布施工，洒布量宜为0.3～0.5kg/m²，并按照设定洒布量通过试验段确定洒布工艺，确保洒布均匀、无漏洒现象。

6.10.2 改性乳化沥青破乳、水分完全蒸发后宜及时铺筑沥青混合料。

6.11 磨耗层施工

6.11.1 磨耗层SMA拌和生产应符合以下规定：

1 集料加热温度宜控制在200～240℃，改性沥青加热温度宜为160～170℃，拌和后混合料出料温度应控制在170～185℃，不应超过190℃，否则应废弃至指定位置。

2 加入集料、矿粉、纤维后的干拌时间宜控制在10～15s，加入改性沥青后湿拌时间宜控制在40～60s，拌和后的SMA应均匀、无花白料、离析现象。

6.11.2 SMA混合料的运输应符合以下规定：

1 运输车应采用自卸式货车，配置数量应满足前后场连续生产、摊铺的需要。

2 运输车装料时应采取"前、后、中"的方式，防止出现温度离析和级配离析现象。

3 应在运输车侧面中部设置温度检查专用孔，孔口离车厢底面约30cm，施工过程中随时检测混合料温度。

6.11.3 SMA混合料摊铺、碾压应符合以下规定：

1 SMA宜采用两台摊铺机梯队摊铺作业，采用非接触式平衡梁装置控制摊铺厚度，摊铺速度应根据拌和生产能力、运距等综合确定，宜为1～2m/min，最高不应超过3m/min。

2 两台摊铺机前后距离不应超过10m，纵向接缝应搭接5～10cm。

3 SMA碾压应分为初压、复压和终压，碾压应遵循紧跟、慢压、高频、低幅的原则。压路机工作长度宜为20～30m，与摊铺机的距离不应大于15m，相邻碾压带应重叠1/3～1/2的碾压轮宽度。

4 初压应采用双钢轮压路机静压，碾压速度宜控制在2～3km/h，碾压温度不应低于150℃；复压采用双钢轮水平振荡压路机振荡碾压，碾压速度宜控制在2～4km/h，碾压温度不应低于130℃；终压应采用双钢轮压路机静压，碾压速度宜控制在3～5km/h，碾压温度不应低于110℃。具体碾压工艺应根据项目实际情况，按照试验段和首次铺装段确定的工艺执行。

5 桥面边缘、伸缩缝等区域宜采用小型压路机或振动夯锤压实，小型压路机重量宜为2～3t，碾压速度宜为2～3km/h。

条文说明：碾压温度是指混合料内部温度，是SMA压实度的关键控制指标，但在工程项目实际实施过程中，一般测试混合料表面温度作为碾压温度。由于受环境温度、风向、风速以及压路机洒水等因素影响,碾压过程中混合料表面温度低于内部温度。随着碾压过程的进行,混合料内部温度和表面温度逐渐降低,且表面温度降低幅度较大、降低速度较快。因此将混合料表面温度作为碾压温度控制是不准确的。

港珠澳大桥钢桥面铺装施工过程中,在典型环境条件下(天气晴,环境温度为27~33℃,东南风3~4级),测试了在初压、复压、终压阶段混合料的表面温度和内部温度,建立两者随时间的变化规律及其相互关系,见图6.11.3,据此来指导SMA的碾压施工及压实度控制,起到了很好的效果。

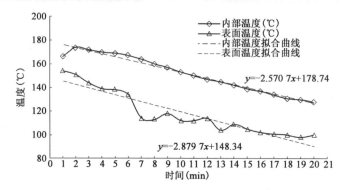

图6.11.3 SMA13内部温度及表面温度趋势曲线

6.12 路缘防排水处理

6.12.1 保护层与边缘构造物接触部位应设置沥青贴缝条,磨耗层与路缘接触的部位应采用木模或钢模的方式设置2cm预留槽,预留槽中从下至上依次设置螺旋排水管、碎石填充料、填缝料。

6.12.2 螺旋排水管沿桥梁纵向布置,并引至泄水槽,施工过程中应注意螺旋排水管的顺直度、高度、埋置深度等;填缝料的高度应略高于磨耗层的高度。

6.12.3 磨耗层与中央分隔带接触的路缘应设置1.5~2.5cm宽的预留槽,并采用填缝料填充,填充厚度略高于磨耗层顶面。

条文说明:考虑到桥面铺装混合料与钢桥面板之间膨胀伸缩系数存在明显差异,铺装层与路缘石结合部位可能会发生脱离,雨水下渗易影响铺装质量和耐久性。同时,为了给铺装结构中可能存在的层间水提供排出通道,港珠澳大桥设置了如图6.12.3所示的防水及排水方案。

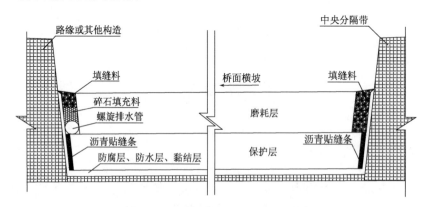

图6.12.3 边缘排水处理结构示意图

7 施工质量控制

7.1 一般规定

7.1.1 应建立健全有效的质量管理体系与质量保证体系。

7.1.2 钢桥面铺装施工质量管理应遵循"以准入保材料、以考核保人员、以设备保工艺、以工艺保质量"的原则。

条文说明：港珠澳大桥钢桥面铺装工程充分借鉴港澳地区及国外先进的项目管理经验，按照"以准入保材料、以考核保人员、以设备保工艺、以工艺保质量"的项目质量管理理念，切实提高桥面铺装管理水平，确保铺装质量稳定性和使用耐用性。

以准入保材料：对于特立尼达湖沥青、道路石油沥青、改性沥青、防腐层材料、防水层材料、黏结层材料等工业材料，应具有生产许可证，宜获ISO质量体系认证，由政府主管部门或行业协会或国际认证机构作为准入/许可主体进行审核认证；对于集料等非工业材料，由港珠澳大桥管理局作为准入审核主体，该类材料通过准入审核后方可确定材料生产厂家，同时加强了过程检查、考核。

以考核保人员：采取"施工组织设计总控、分阶段动态审核评估"的方式，分别在合同谈判期间以及承包人进场前后，分层级、分阶段、分方法地对承包人投入的施工管理人员、技术人员及操作工人进行审查及"全员考核"，合格后方可上岗。

以设备保工艺：根据本项目特点，尽可能采用自动机械化施工设备，以减少手工操作施工，进而确保施工质量稳定，提高工效。同时要求承包人配置带矿粉加热功能的沥青混合料拌和机、足够数量的浇注式沥青混合料专用运输车和车载式抛丸机、机械式全断面喷涂设备等。

以工艺保质量：在施工准备期进行喷砂除锈、防腐层、防水层、黏结层施工，混合料配合比设计、拌和、摊铺等各项工艺试验，并通过试验段和首次铺装段工程实施，完善、稳定各项工艺，形成"作业指导书"，指导正式施工。

7.1.3 每道工序完工后应进行全面质量检查和检验，合格后方可进入下一道施工工序。

7.1.4 本指南未规定的质量管理事项，应按照现行《公路沥青路面施工技术规范》(JTG F40)、《公路工程质量检验评定标准 第一册：土建工程》(JTG F80/1)等有关规定执行。

7.1.5 施工有关原始记录均应保存完整。

条文说明：原始记录包括但不限于试验检测报告、试验检测记录、施工质检资料、施工日志、施工方案、总结及影像资料等。

7.2 材料质量控制

7.2.1 进场主要材料的供货单位应提供第三方检测报告。

7.2.2 进场材料检测频率应满足表7.2.2的要求。

表 7.2.2 材料进场质量检测要求

材料名称	检测项目	检测频率*	质量要求	试验方法
MMA	拉伸强度、断裂延伸率、不透水性	1 次/批	符合本指南规定	GB/T 16777—2008
	撕裂强度			GB/T 529—2008
	黏结强度(与基面,25℃)			GB/T 5210—2006
	硬度(Shore D)(2mm 防水膜)			GB/T 2411—2008
	密度			GB 1756—1979
A-70 号道路石油沥青	针入度(25℃)、针入度指数 PI、软化点(环球法)、延度(10℃)、延度(15℃)、TFOT(或 RTFOT)后残留物(质量变化、针入度比、10℃延度)	1 次/100t	符合本指南规定	JTG E52
改性沥青	针入度(25℃)、软化点(环球法)、延度(5℃)、弹性恢复率(25℃)、TFOT(或 RTFOT)后残留物(质量变化、针入度比、5℃延度)、存储稳定性(48h 软化点差)	1 次/批(车)	符合本指南规定	JTG E52
TLA	针入度(25℃)、软化点(环球法)、灰分、密度(25℃)	1 次/100t	符合本指南规定	JTG E52
改性乳化沥青	1.18mm 筛余量、蒸发残留含量、蒸发残留物(针入度、延度、软化点)	1 次/批(车)	符合本指南规定	JTG E20
粗集料	洛杉矶磨耗值、颗粒分析、针片状颗粒含量、<0.075mm 颗粒含量、压碎值、磨光值(SMA)、坚固性、黏附性、软石含量、表现相对密度、吸水率	磨耗层:1 次/2 000t;保护层:1 次/500t	符合本指南规定	JTG E42
细集料 A、B、C (GMA)	颗粒分析、砂当量、棱角性(流动时间)、表观相对密度、亚甲蓝值、坚固性(>0.3mm 部分)	1 次/200t	符合本指南规定	JTG E42
细集料(SMA)	颗粒分析、砂当量、棱角性(流动时间)、表观相对密度、亚甲蓝值、坚固性(>0.3mm 部分)	1 次/2 000t	符合本指南规定	JTG E42
矿粉	颗粒分析、含水率、密度、外观	1 次/50t	符合本指南规定	JTG E42

注:* 进场材料应在施工前以"批"为单位进行检测,对于各种矿料应以同一料源、同一次购入并运至生产现场的相同规格材料为一"批",对于防水层和黏结层材料应以同一来源、同一次购入的同一规格材料为一"批";对于沥青结合料应以同一来源、同一次储入同一沥青罐的同一规格的材料为一"批"。

7.2.3 防腐层、防水层、黏结层材料和沥青结合料应在试验检查后留样封存 2 年,防腐层、防水层和黏结层材料应分别不少于 5kg,沥青结合料不应少于 15kg。

7.2.4 防腐层、防水层、黏结层材料应分类、单独储存,确保储存环境阴凉、干燥;仓库应远离办公及生活区域,储存区域应设置安全警示及防火标志,应配备灭火器、消防池及安全报警装置。

7.2.5 集料、TLA 等材料宜为全封闭式储存,集料应按不同规格和品种设置仓库,并设置分隔墙。

7.2.6 施工前各种材料试验结果及据此进行的目标配合比和生产配合比设计结果,应在规定的期限内向监理及建设单位提出正式报告,认可后方可使用。

7.3 施工质量控制

7.3.1 喷砂除锈、防腐层、防水层、黏结层和黏层的质量检测频率与结果应满足表 7.3.1 的要求。

表 7.3.1 钢桥面喷砂除锈、防腐层、防水层、黏结层和黏层施工质量检测要求

类型及组成	检查项目	检查频率	质量要求	试验方法
喷砂除锈[1]	清洁度等级	3 点/500m²	不低于 Sa2.5 级	GB/T 8923.1—2011
	粗糙度(μm)		50~140	GB/T 13288.5—2009
丙烯酸防腐漆[2]	用量(kg/m²)	1 次/施工段	0.15~0.25	T 0982
	黏结强度(与钢板)(25℃,MPa)	3 点/500m²	≥5.0	JTG/T 3364-02
	厚度(μm)	30 点/施工日	50~100	ISO 19840—2004
MMA[3]	拉伸强度(23℃,MPa)	1 次/施工日	≥12.0	GB/T 16777—2008
	断裂伸长率(23℃,%)		≥130	
	湿膜厚度(单层)(mm)	随机	≥1.2	ISO 19840—2004
	干膜厚度(双层)(mm)	30 点/施工日	≥2	
	黏结强度(与防腐漆)(25℃,MPa)	3 点/500m²	≥2.0	JTG/T 3364-02
	均匀性	随时	无漏涂	目视
丙烯酸树脂黏结剂	用量(kg/m²)	1 次/施工段	0.15~0.20	T 0982
	黏结强度(组合结构)(25℃,MPa)	必要时	≥1.0	JTG/T 3364-02
	均匀性	随时	无漏涂	目视
黏层	洒布宽度(m)	4 处/200m	不小于设计宽度	卷尺
	洒布量(kg/m²) 单点	6 次/施工段	0.3~0.5	T 0982
	洒布量(kg/m²) 平均用量	1 次/施工段		

注:1. 喷砂除锈试验段实施时,清洁度等级和粗糙度检查频率不应少于 20 点。
　　2. 丙烯酸防腐漆试验段实施时,厚度和黏结强度检测频率应分别不少于 20 点和 6 点;首次铺装段实施时,厚度检测频率不应少于 100 点/施工日。
　　3. MMA 试验段实施时,干膜厚度和黏结强度检测频率应分别不少于 20 点和 6 点;首次铺装段实施时,干膜厚度检测频率不应少于 100 点/施工日。

7.3.2 沥青、集料、矿粉及混合料的质量检测频率与结果应满足表 7.3.2 的要求。

表 7.3.2 沥青、集料及混合料施工质量检测要求

项目	检测项目	检查频率	质量要求	试验方法
GMA 用混合沥青	针入度(25℃,0.1mm)	1 次/施工日	10~20	T 0604
	软化点(℃)		≥65	T 0606
SMA 用改性沥青	针入度(25℃,0.1mm)	1 次/施工日	40~60	T 0604
	软化点(℃)		≥85	T 0606

表 7.3.2（续）

项 目	检 测 项 目		检查频率	质量要求	试验方法
SMA用改性沥青	延度(5℃,cm)		1次/施工日	≥25	T 0605
集料	颗粒组成(筛分)		1次/施工日	符合本指南规定	T 0302
	含水率				T 0305
保护层GMA[1]	级配(通过率)(%)	厂拌取样 9.5mm、4.75mm 2.36mm 0.075mm	2次/施工日	±7 ±6 ±2	T 0725
	油石比(%)			±0.3	T 0722、T 0721
	马歇尔稳定度(kN)	流值为5mm时		≥4	T 0709
		流值为15mm时		≥8	
	硬度值(35℃,0.1mm)	现场取样		5～20	附录C
	动稳定度(次/mm)	现场取样		300～800	T 0719
	冲击韧性(15℃,N·mm)	现场取样		≥400	附录A
	刘埃尔	施工现场	1次/车	—	JTG/T 3364-02
磨耗层改性沥青SMA[2]	级配(通过率)(%)	厂拌取样 ≥4.75mm ≤2.36mm 0.075mm	2次/施工日	±5 ±3 ±2	T 0725
	油石比(%)	厂拌取样		±0.3	T 0722、T 0721
	空隙率(%)	厂拌取样		±1.0	T 0705
	马歇尔稳定度(kN)	厂拌取样		≥8.0	T 0709
	饱和度(%)	厂拌取样		75～85	T 0705
	动稳定度(次/mm)	厂拌取样	必要时	≥6 000	T 0719

注：1. GMA试验段及首次铺装段实施时，除刘埃尔指标以外，其余性能指标检测频率不应低于3次/施工日。
2. SMA试验段及首次铺装段实施时，除动稳定度指标以外，其余性能指标检测频率不应低于3次/施工日。

7.3.3 桥面铺装结构层的质量检测频率与结果应满足表7.3.3的要求。

表 7.3.3 桥面铺装层施工质量控制要求

检 查 项 目		检 查 频 率	质量要求或允许偏差	试 验 方 法
外观		随时	表面平整密实，不应有明显的轮迹、裂缝、油包等缺陷，且无明显离析	目测
接缝		随时	平整、顺直、无跳车	目测
		逐条缝检测	≤3mm	T 0931
施工温度	摊铺温度	逐车检测	符合本指南规定	T 0981
	碾压温度	随时	符合本指南规定	红外测温仪

表 7.3.3（续）

检 查 项 目		检 查 频 率	质量要求或允许偏差	试 验 方 法
压实度	SMA	3处/100m	马歇尔密度的98%或最大相对密度的94%	附录D
厚度	磨耗层	每施工段	±3mm	施工时采用随时插入法量取混合料松铺厚度，每日用混合料数量及实铺面积计算平均厚度
	保护层	每施工段	-3~5mm	
平整度（标准差）	磨耗层	连续测定	≤1.2mm	T 0932
构造深度	磨耗层	1处/200m	≥0.8mm	T 0961
路表渗水系数，不大于		3点/200m，每点3处取平均值	≤50mL/min	T 0971
横坡度		4断面/200m	±0.3%	T 0911
横向力系数 SFC_{60}		每车道，全路段	≥54	横向力系数检测车

T/CHTS 10018—2019

附录 A GMA 配合比设计方法

A.1 一般规定

A.1.1 本方法适用于 GMA 目标配合比设计和生产配合比设计。

A.1.2 GMA 配合比设计要求和试验方法应符合本指南表 4.1.1-1 和表 4.1.2 的规定。混合料拌和应模拟实际生产情况采用小型浇注式沥青混合料拌和机进行。

A.1.3 GMA 配合比设计采用刘埃尔流动性、马歇尔稳定度、硬度值、冲击韧性、车辙动稳定度等作为控制指标。

A.2 材料要求

A.2.1 GMA 用材料性能应满足本指南的要求。

A.3 ME 配合比设计

A.3.1 ME 矿料级配设计：采用细集料 A、细集料 B、细集料 C 及矿粉的筛分结果计算 ME 的配合比例，ME 级配范围应符合表 4.1.1-1 的规定。

A.3.2 ME 可溶沥青含量设计：ME 可溶沥青含量应控制在 14%~17% 范围内。在控制范围内选取 4~5 个可溶沥青含量分别拌制 ME，测试 25℃条件下的硬度值。

A.3.3 根据可溶沥青含量与 ME 硬度值的关系确定最佳可溶沥青含量。

A.4 GMA 配合比设计

A.4.1 GMA 中粗集料含量应为 45%±10%（占沥青混合料质量的比例）。选取三组不同粗集料比例，按照已确定的最佳可溶沥青含量，将粗集料、ME 矿料和沥青结合料混合搅拌得到 GMA，分别测试刘埃尔流动性、马歇尔稳定度、硬度值、冲击韧性、车辙动稳定度等指标，选取性能最优的一组作为最佳级配。

A.5 配合比设计检验

A.5.1 利用确定的沥青用量和矿料配合比拌制 GMA，制作马歇尔试件、硬度试件、冲击韧性试件及车辙动稳定度试件，并按相关试验方法进行测试。当试验结果不满足要求时应重新进行级配和沥青用量设计。

A.6 配合比设计报告

A.6.1 确定配合比后，应及时出具配合比设计报告。

A.6.2 配合比设计报告应包括级配范围选择说明、材料品种选择与材料质量试验结果、矿料级配、最佳油石比及配合比设计检验结果等。试验报告的矿料级配曲线应按现行《公路沥青路面施工技术规范》(JTG F40)中的有关规定绘制。

A.6.3 报告中宜同时列出其他油石比条件下的各项试验结果。

附录 B GMA 硬度试验方法

B.1 目的与适用范围

B.1.1 本方法适用于测定 GMA 的硬度值，以判定 GMA 的高温稳定性。

B.2 仪器设备

B.2.1 试模：直径不小于 100mm，高度不小于 50mm 的圆筒形试模。

B.2.2 硬度试验器，如图 B.2.2 所示。其中，圆形钢制平端压头针直径为 6.35mm；砝码和压杆总荷载为 311N(31.73kg)；千分表，1 个，量程为 0～5mm，分度值为 0.001mm；恒温水浴控制器件，1 套，温度控制精度应为±0.1℃；温度计，1 支，量程为 0～100℃，分度值为 0.1℃。

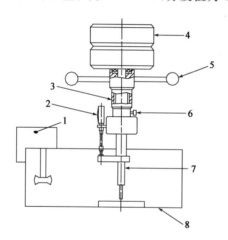

图 B.2.2 GMA 硬度试验器

1-加热器搅拌；2-千分表；3-落料螺纹；4-砝码；5-起重手柄；6-锁紧螺钉；7-平端压头；8-水浴器

B.3 试件要求

B.3.1 按规定的温度及时间拌和混合料。

B.3.2 将拌和好的混合料均匀地注入试模，注入后在试模四周人工插捣以保证试件与试模侧壁密实，禁止插捣试模中间，插捣后将多余的混合料刮除。

B.3.3 待试件在室内静置冷却至常温后，切除表面 20mm 厚的混合料，采用剩余试件的切割面进行硬度测试。

B.3.4 同一批试件室内平行试验不应少于 5 个，现场取样试验不应少于 3 个。

B.4 试验步骤

B.4.1 试件冷却。置于空气中不少于 3h，冷水中不少于 1h。

B.4.2 将试模和试件一起放入预先设定温度下的水浴中保温 60min；水的温度保持在设定实验温

度±0.1℃范围内。

B.4.3 调整平端压头针使其接触到样本表面,其压力大小能防止试件侧移即可。

B.4.4 施加荷载60s,记录下最后压痕深度,精确到0.1mm。

B.4.5 选取5个不同的试验点(试验点距离试件边缘不小于25mm,且试验点之间距离同样不小于25mm),重复上面的试验步骤,记录下压痕深度,精确到0.1mm。

B.5 试验数据处理

B.5.1 当同一批试件中某个测定值与平均值之差大于标准差的k倍时,该测定值应予以舍弃,并以其余测定值的平均值作为试验结果。试件数目为3、4、5、6个时,k值分别为1.15、1.46、1.67、1.82。

B.5.2 试验结果应注明试件尺寸、试验温度、硬度值(精确至0.1mm)。

附录 C GMA 冲击韧性试验方法

C.1 目的与适用范围

C.1.1 本方法适用于测定 GMA 的冲击韧性，用于评价混合料的疲劳抗裂能力。

C.2 仪器设备

C.2.1 万能材料试验机：荷载由传感器测定，最大荷载应满足不超过其量程80％且不小于量程20％的要求，分辨率0.01kN。应配备环境保温箱，温度控制精度应为±0.5℃；加载速率可以设定。试验机宜有伺服系统，在加载过程中速率保持不变。

C.2.2 恒温水槽：温度控制精度应为±0.5℃，恒温水槽中的液体应能循环回流。

C.2.3 切割机：应能控制切割试件的尺寸至±2.0mm。

C.2.4 温度计：分度值0.5℃。

C.2.5 游标卡尺。

C.3 试件要求

C.3.1 采用浇注法制作棱柱体试件，试件尺寸应满足长250mm±2.0mm、宽35mm±2.0mm、高35mm±2.0mm 的要求。

C.3.2 同一批试件室内平行试验不应少于5个，现场试验不应少于4个。

C.4 试验步骤

C.4.1 将制作好的试件置于15℃±0.5℃的恒温水浴中养护2～4h，调整万能材料试验机，设定加载速率为50mm/min。

C.4.2 将试件从水浴中取出，立即对称安放在支点间距为200mm±0.6mm 的支座上，然后进行三点弯曲试验，采集荷载、位移数据。试件从水浴中取出到测试的时间不应超过1min。

C.5 试验数据处理

C.5.1 试验荷载—位移曲线中阴影部分的面积即为冲击韧性，以反映 GMA 断裂时吸收的能量，如图 C.5.1 所示。

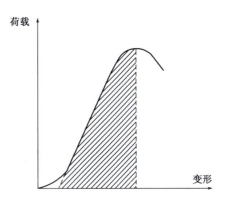

图 C.5.1 冲击韧性曲线示意图

C.5.2 冲击韧性可采用软件计算出阴影部分面积,用 N·mm 为计量单位。

C.5.3 当同一批试件中某个测定值与平均值之差大于标准差的 k 倍时,该测定值应予以舍弃,并以其余测定值的平均值作为试验结果。试件数目为 4、5、6 个时,k 值分别为 1.46、1.67、1.82。

C.5.4 试验结果均应注明试件尺寸、成型方法、试验温度、加载速率、最大荷载、最大变形量、冲击韧性。

附录 D 改性沥青 SMA 压实度无核密度仪检测方法

D.1 目的与适用范围

D.1.1 本方法适用于检测改性沥青 SMA 的压实度。

D.1.2 所测路面应目视无结露、无明显潮湿；雨后应充分干燥，宜连续晴朗两天后测试，路表水分含量和沥青混合料含水率应接近于 0。

D.1.3 所选测试点路表面应目视无油污、无散粒、无凸起、无松动集料，表面平整，无核密度仪安放后无晃动。

D.1.4 测点禁止选在路拱顶部和接缝部位，测量时间段宜选择在 10:00～18:00 之间。

D.2 仪器设备

D.2.1 无核密度仪：检测深度≥40mm，单点多次测量（即固定同一位置）的电磁密度最大值和最小值之差≤5.0kg/m³。

D.3 方法与步骤

D.3.1 仪器的标定。

1 采用偏差标定法，即标定常数 c 为测点芯样毛体积密度 ρ_{fi} 与该点对应电磁密度 ρ_{ei} 差值的平均值：

$$c = \overline{\sum_{i=1}^{n}(\rho_{fi} - \rho_{ei})} \quad (i = 1, 2, \cdots, n) \tag{D.3.1-1}$$

式中：ρ_{fi}——各芯样的毛体积密度，g/cm³；

ρ_{ei}——各芯样对应的电磁密度，g/cm³。

2 首次标定：在 SMA 试验段中选择 10～12 个点位钻芯取样，选 3～5 个测点不予钻取，并重点保护；在室内测量芯样毛体积密度，计算首次标定常数 c。

3 二次标定：在正式检测开始时，测量首次标定中留存点（3～5 个）的电磁密度，再计算现场标定常数 Δc，即留存点与首次测量对应点的电磁密度差值的平均值。

4 综合标定常数计算：综合标定常数 c_z 的计算公式如下：

$$c_z = c + \Delta c \tag{D.3.1-2}$$

式中：c_z——综合标定常数，无量纲；

c——首次标定常数，无量纲；

Δc——现场标定常数，无量纲。

5 路面温度与标定温度之差超过 30℃时应重新标定或更换修正系数；当 SMA 材料种类发生改变，或配合比中 4.75mm 通过率波动超过 3%时，应重新标定。

D.3.2 单元划分和测点布设。

1 检测评定单元划分：宜以单幅、1km 长的铺装区域为一个检测评定单元。

2 二级评定单元划分：将每个检测评定单元等分成若干个二级评定单元，每个二级评定单元宜为

500m² 左右。

3 测点布设方法：在每个二级评定单元内，均匀选择 15 个及以上的测点。

D.3.3 准备工作。

1 SMA 摊铺完成 12h 后，按照本指南第 D.1.2 条规定选择标定环境。

2 按照本指南第 D.1.3 条选择点位，并做好标记。

D.3.4 测试步骤。以测点为中心，每次测量后将无核密度仪原地旋转 30°进行下次测量，即每个点应测量 12 次，取测量结果的平均值为单点测量值，同时记录测试点点位(桩号)、路面温度和时间。

D.4 试验数据处理

D.4.1 二级评定单元压实度计算。按照式(D.4.1)计算二级评定单元内各测点压实度 K_0，然后计算二级评定单元内所有测点压实度的平均值，并按照现行《公路沥青路面施工技术规范》(JTG F40) 附录 E 中的方法计算二级单元内所有测点的压实度变异系数。

$$k = \frac{D}{D_0} = \frac{\rho_{gi} + c_z}{D_0} \tag{D.4.1}$$

式中：k——单个测点的压实度；

D——测点无核密度，g/cm³；

D_0——试验室标准密度或最大理论密度，g/cm³；

ρ_{gi}——电磁密度，g/cm³；

c_z——测点对应的综合标定常数。

D.4.2 检测评定单元压实度计算。对一个检验评定单元压实度的代表值 K，采用下式计算：

$$K = \bar{k} - S \cdot \frac{t_a}{\sqrt{n}} \tag{D.4.2}$$

式中：K——检测评定单元压实度；

$\bar{k}$——检测评定单元内各二级评定单元压实度的平均值；

S——检测评定单元内各二级评定单元压实度平均值的标准差；

$t_a/\sqrt{n}$——随测点数和保证率(取 95%)而变的系数，取值见表 D.4.2；

n——一个检测评定单元内二级评定单元数量。

表 D.4.2 $t_a/\sqrt{n}$ 的值

测点数量	$t_a/\sqrt{n}$取值	测点数量	$t_a/\sqrt{n}$取值	测点数量	$t_a/\sqrt{n}$取值
2	4.465	9	0.620	16	0.438
3	1.686	10	0.580	17	0.423
4	1.177	11	0.546	18	0.410
5	0.953	12	0.518	19	0.398
6	0.823	13	0.494	20	0.387
7	0.734	14	0.473	21	0.376
8	0.670	15	0.455	22	0.367

表 D.4.2（续）

测点数量	$t_a/\sqrt{n}$ 取值	测点数量	$t_a/\sqrt{n}$ 取值	测点数量	$t_a/\sqrt{n}$ 取值
23	0.358	29	0.316	80	0.186
24	0.350	30	0.310	90	0.175
25	0.342	40	0.266	100	0.166
26	0.335	50	0.237	>100	$1.6449/\sqrt{n}$
27	0.328	60	0.216	—	—
28	0.322	70	0.199	—	—

D.4.3 检测评定单元压实度评定见表 D.4.3。

表 D.4.3 SMA 压实度评定标准

判定条件	合格率判定方法
当 $K \geq K_0$ 时	全部二级单元的压实度均 $\geq K_0-1\%$、二级单元内的测点压实度变异系数均 ≤ 0.012，评定段合格率为 100%
	按二级单元的压实度 $\geq K_0$ 且二级单元内的测点压实度变异系数均 ≤ 0.010 的单元数量计算合格率
当 $K \leq K_0$ 时	评定段为不合格

D.5 检测报告

D.5.1 测定路面压实度的同时，应记录点位（桩号）、温度、时间、材料类型、路面的结构层厚度及测试深度等数据和信息。

D.5.2 在报告上应附所有点的测试结果，注明二级评定单元的合格率和检测评定单元压实度评定结果。

用 词 说 明

1 本指南执行严格程度的用词,采用下列写法:
1) 表示严格,在正常情况下均应这样做的用词,正面词采用"应",反面词采用"不应"或"不得"。
2) 表示允许稍有选择,在条件许可时首先应这样做的用词,正面词采用"宜",反面词采用"不宜"。
3) 表示有选择,在一定条件下可以这样做的用词,采用"可"。
2 引用标准的用语采用下列写法:
1) 在标准条文及其他规定中,当引用的标准为国家标准或行业标准时,应表述为"应符合《××××××》(×××)的有关规定"。
2) 当引用标准中的其他规定时,应表述为"应符合本指南第×章的有关规定""应符合本指南第×.×节的有关规定""应按本指南第×.×.×条的有关规定执行"。